张子虎藏书票

张子虎 著

上海科学技术文献出版社
Shanghai Scientific and Technological Literature Press

图书在版编目（CIP）数据

张子虎藏书票 / 张子虎著 . —上海：上海科学技术文献出版社，2021
ISBN 978-7-5439-8356-4

Ⅰ.①张… Ⅱ.①张… Ⅲ.①藏书票—中国—图集 Ⅳ.① G262.2-64

中国版本图书馆 CIP 数据核字（2021）第 136751 号

选题策划：张　树
责任编辑：苏密娅　栾　鑫
封面设计：合育文化

张子虎藏书票
ZHANGZIHU CANGSHUPIAO
张子虎　著
出版发行　上海科学技术文献出版社
地　　址　上海市长乐路 746 号
邮政编码　200040
经　　销　全国新华书店
印　　刷　上海新开宝商务印刷有限公司
开　　本　889mm×1194mm　1/32
印　　张：6
版　　次　2021 年 8 月第 1 版　2021 年 8 月第 1 次印刷
书　　号　ISBN 978-7-5439-8356-4
定　　价　138.00 元
http://www.sstlp.com

主编的话

藏书票是随着西方活字印本图书的产生与收藏而出现的微型艺术品，广泛应用于王室、教会、大学、图书馆等机构与个人的藏书上。藏书票自诞生后五百多年来，栖居书中，与书日夜厮守，亲密无间，是藏书者忠实的护书精灵，受到了众多艺术家的垂青和爱书人的宠爱。藏书票不因其小而微不足道，它从形式到内涵，方寸之间无不焕发着中西文化的缤纷映影。

藏书票作为艺术品，技法丰富多样，现已成为国际性的绘画创作对象，我们可据此析微察异，欣赏不同技巧、制作与色彩的精微之处，观察书间精灵多姿的身影。

藏书票作为收藏品，画面千秋纷呈，现已进入世界性的艺术收藏行列，我们能从中显微阐幽，品味各种题材、内涵与图案的微妙之趣，凝视书间精灵可爱的笑容。

"书香艺趣丛书"中的藏书票均是上海图书馆中国文化名人手稿馆收藏的艺术家捐赠品。这些作品的作者老少咸集，各擅其长；画面风采旖旎，各有寓意；票主名贤汇聚，各旌其表……从中可管窥上海图书馆藏书票的收藏。

让我们打开书本，在书香中寻觅艺术之趣，与书间的这些"小精灵"一起读书、爱书、藏书吧。

黄显功

2021年4月23日

子虎和他的藏书票

2020年是不寻常的一年，心情在宅家的过程中慢慢沉淀，在为逝去的父亲杨可扬和丈夫张子虎做些力所能及的事情中，重温了子虎的藏书票作品，重读了著名版画家张家瑞先生、张嵩祖教授为他写下的"厚重古朴、别开生面——记张子虎藏书票"和"怀念子虎"，以及子虎的好友、藏书票爱好者陈健的"生命的赞歌——追记张子虎"，心中升腾起感动、思念……

子虎早年从事国画，自从加入到我们这个家庭后，深为我父亲的人格魅力所吸引，转而开始了他的版画创作。他是一个极聪明的人，很好地继承了我父亲在版画创作中具有的独特风格。我不是从事美术工作的人，对他们的作品特点说不出艺术和技术层面的门道，但我能看出子虎的作品与我父亲的作品非常相似，简练、粗犷、大气，但又有不同，那是属于子虎自己的东西。

自从20世纪80年代后期，版画中的一个门类——藏书票异军突起，随着人们重视阅读，重新对纸质书籍产生兴趣以及小型艺术品收藏热的兴起，藏书票也被广大群众接受。子虎受此影响，开始了藏书票的创作，并活跃于中国乃至世界的藏书票舞台。初期，他的藏书票题材广泛，有风景、动物、人物等。

他比较擅长人物，因此他的藏书票作品也渐渐趋向于人物刻画，形成与我父亲在题材取选上的最大不同。记得90年代初期，我和子虎去泰国旅游，那时出国游尚不普遍，异国风光给我们留下了很深的印象。特别是旅途中遇到的几个小和尚，在子虎脑海中留下了深刻印象。十几年后，这个印象仍然挥之不去，于是他创作了一幅藏书票，画面是两个年轻的僧侣手持相机，正专注于拍摄对象。佛门清律与现代文明在此碰撞，却又那么和谐，反映出时代的进步，小和尚略为夸张的姿态让画面具有了生动的灵气。

2011年他受上海图书馆委托，为纪念中国共产党建党90周年活动创作藏书票。他将获奖作品《永远的旗帜》改成了藏书票，画面上黑白的马克思肖像加以红与黑的色块作为背景，十分简练但不显单调，马克思仿佛在注视着你，显得凝重而庄严，与我父亲的版画作品风格非常相似，但似乎又有所区别。诚如张嵩祖教授所言："张子虎的艺术作品，很好地继承了可扬先生在版画创作中所具有的气韵深沉、结构宏大、粗线造型、黑白厚重的独特风格，同时又结合自己的个性情趣，或简洁，或装饰，或张扬，使厚重的画面在黑、白、红、灰的色彩交替中，有了生动的节奏韵律。"

像这样以人物肖像为画面的藏书票在子虎的创作中占了极大比例，他的藏书票《贝多芬》也是脱胎于一幅小版画，原作把贝多芬不屈于命运的精神表达得淋漓尽致，也许是他自己十分满意这幅作品的缘故吧，他把它重新制作成了一幅藏书票。

贝多芬蓬松的头发犹如雄狮的鬃毛，虽然只有一个头像，却有音乐般的流动感，用刀粗犷有力，人物表情夸张但不失真，那咬紧牙关、略带痛苦的面部给人以强烈的视觉冲击力。

子虎为艺术大师丰子恺先生的女儿丰一吟老师作的藏书票我也很喜欢，他以丰子恺先生为画面主角，丰老手持书本，安详地站着，神态非常到位，背景的上半部分是他的"缘缘堂"的匾额，下半部分是抽象的几个色块，上下呼应，与我父亲某些作品的处理方式有异曲同工之处。

他为王海名人手迹艺术收藏馆开馆纪念创作的一幅藏书票，也得到大家一致好评。其一，极大程度继承了我父亲的风格，特别是画面以江南水乡的石桥为主要表现内容，桥边的两团粉红，天空中的几个黑点，说其抽象，又具象地看出想要表达的是桥边花丛和空中飞鸟。其二，桥上一人背影，看到过王海本人的人不禁脱口而出："哈哈，这不就是王海嘛！"真的是抓住了人物的特点，仅仅一个背影，寥寥几刀，便显出人物的动态。这与子虎平时留意生活、善于观察分不开。

斯人已去，留下的作品永存，写下这些文字，以寄托我的哀思，也祝愿藏书票艺术之花更加绚丽。

杨以平

于2021年初春

张子虎艺术年表

生于上海,祖籍浙江鄞县(今宁波市鄞州区)。先后毕业于上海工艺美术学校、上海师范大学美术学院。早年学中国画,后研习版画,曾用笔名"扬子"。中国美术家协会会员、中国版画家协会会员、中国美术家协会藏书票研究会常务理事、上海美术家协会版画艺委会委员、上海版画工作委员会理事及藏书票副主任、东方画院一级画师。版画作品多次入选国内各级重要展览并选送海外展出。藏书票入选历届(除第一届)全国藏书票展。作品被国内博物馆、美术馆、纪念馆、图书馆等机构及国内外私人收藏。出版有《刀笔华年——张子虎美术作品集》《回忆·路——张子虎欧美旅行摄影集》《上海东方书画院画师作品集——张子虎》。

1988年 小版画《贝多芬》《爱因斯坦》入选"中国藏书票小版画艺术大奖赛",获二等奖

1989年 藏书票入选"中国藏书票展"(送捷克斯洛伐克展出)

1990年 藏书票《飞天》等入选"第三届全国书票展",获铜奖

1991年 版画《上海市郊小景》入选"上海百景展"(送日本展出),入选"中国西湖美术节"

版画《开创历史新纪元》(合作)入选"庆祝中国共产党成立70周年美术作品展览",并入选"上海美术作品展览",

获三等奖

1992年　版画《上海市郊小景》入选"上海百景展"（送波兰展出）

藏书票《面壁斋》等入选"第四届全国书票展"，获优秀奖

藏书票作品入选"第24回世界书票作家展"（日本）

1993年　版画《夕照》《平安夜》入选"上海画家作品展"（送澳门展出）

作品选送日本，参加"上海美术馆优秀作品东京川崎大宫巡回展"

1994年　版画《希望之路》入选"第八届全国美术作品展"，并入选"第十二届全国版画作品展"

藏书票作品入选"第五届全国书票展"

版画《凡·高》入选"上海版画近作展"（送中国香港展出）

1995年　藏书票《龙年藏书》入选"中国藏书票龙年专题展"，获铜奖

1996年　藏书票《夏衍》入选"现代文化名人藏书票展"，获银奖

藏书票作品入选"第六届全国书票大展"

1997年　藏书票《巴尔扎克》《塞万提斯》《雨果》《托尔斯泰》入选上海图书馆新馆落成"全国书票艺术展"

应邀为中国文化名人作肖像藏书票：《巴金》《沈从文》《夏衍》入编《中国现代文学家肖像藏书票集》；《晏阳初》入编《中国近代教育家肖像藏书票集》；《张大千》入编《中国现代画家肖像藏书票集》；《钱学森》入编《中国现代科学家肖像藏书票集》

藏书票入选"第二届格列维茨97国际藏书标签绘画竞赛展"（波兰）

作品入选"纪念日中国交正常化25周年纪念——中国藏书票版画展"（日本）

1998年　藏书票《恩格斯》《聂耳》入编《全国职工读书自学活动十五周年藏书票纪念集》

	版画《平安夜》入选"上海百家艺术精品展"
	作品入选"亚洲藏书票展"（中国台湾）
1999年	版画《余纯顺》入选"时代风采——庆祝上海解放50周年美术作品展"并入选"第九届全国美术作品展"
2000年	藏书票入选"第八届全国藏书票展览"，获优秀奖
	藏书票入选"华文图书博览会"（新加坡）
2001年	应邀为昆曲艺术家作肖像藏书票，《张静娴》入编《中国现代昆曲艺术家肖像藏书票集》
	版画《永远的旗帜》入选"庆祝中国共产党成立80周年上海美术作品展览"，获优秀作品奖
	作品入选"第九届全国藏书票艺术展"
2002年	版画《七月阳光》入选"纪念毛泽东同志《在延安文艺座谈会上的讲话》发表60周年全国美术作品展览"，获优秀作品奖
	版画《红与黑》入选"第十六届全国版画作品展"
2003年	作品入选"上海版画汇展"，获版画艺术奖
2004年	版画《红与黑》入选"庆祝上海解放55周年美术作品展"及"第十届全国美术作品展"
2005年	作品入选"永恒的和声——纪念中国人民抗日战争暨世界反法西斯战争胜利60周年京沪美术作品联展"
2006年	作品入选"第三十一届国际藏书票联盟大会暨展览"（瑞士）
	作品入选"文学与艺术的结晶——纪念中国新兴版画运动75周年暨鲁迅诞辰125周年藏书票展"
2007年	作品入选"天津·滨海汉沽国际版画藏书票名家作品邀请展"
	藏书票《有趣的书》入选"07梅园杯上海藏书票邀请展"，获银奖
	作品入选"第十二届全国藏书票艺术展"，获优秀作品奖

　　　　　作品入选"北京第三十二届国际藏书票双年展",获荣誉奖

2008年　受邀为宁波博物馆创作首批馆藏书票《四明伟者》——王阳明、黄宗羲、万斯同、全祖望肖像

2009年　版画《礼花为他们送行》入选"庆祝中华人民共和国成立60周年上海美术作品展暨第五届上海美术大展"

2010年　作品入选"第十三届全国藏书票小版画艺术展暨国际藏书票名家邀请展",获提名奖

　　　　　藏书票入选"中国·太原晋商文化艺术周——国际小版画藏书票邀请展"

　　　　　作品入选"第三十三届国际藏书票展览"(土耳其)

2011年　版画《礼花为他们送行》入选"2011上海版画作品年度精选展"以及"庆祝中国共产党建党90周年上海版画展"

2012年　人物藏书票入选"2012上海版画作品年度精选展"

　　　　　藏书票《延年》《雷文》《徐建春》入选"第十四届全国藏书票暨小版画艺术展",获优秀作品奖

2013年　藏书票入选"纸上落英——中国文化名人藏书票展"

2014年　版画《遥远的圣山》入选"2014上海版画作品年度精选展"

　　　　　藏书票《一吟藏》《可扬艺术研究会成立》入选"第十五届全国藏书票暨小版画艺术展",《一吟藏》获优秀作品奖

目 录

主编的话 1

子虎和他的藏书票 1

张子虎艺术年表 1

藏书票

春 3
夏 4
秋 5
冬 6
田丰藏 7
海边 8
水乡 9
江南水乡之民居（一） 10
江南水乡之民居（二） 11
炊烟 12
桂林山水 13
水乡系舟 14
桥上双影（与比利时版画家
　马丁·R·贝杨斯合作） 15
上海图书馆（一） 16
上海博物馆 17

王海名人手迹艺术收藏馆开馆纪念	18
袋鼠爸爸	19
袋鼠妈妈和小袋鼠	20
熊猫母子	21
熊猫与竹	22
蛙人和鱼	23
子善珍藏	24
马季藏	25
扬子藏书	26
培成（一）	27
向天歌	28
牦牛	29
我的书（黑猫）	30
趴窝的鸡	31
和平之钟	32
路棐藏书	33
马年读书	34
喜欢的书	35
不言生肖老大，要创更多第一	36
少吹牛，少出丑	37
韦泱痴书	38
绍平读书	39
子虎虎年藏书	40
盈鱼	41
秦绿枝珍品	42
陈子善藏书	43

目录

白桦林	44
叶永烈藏	45
上海图书馆（二）	46
香梅	47
韦泱	48
绿叶斋（刘心武）	49

佛缘	50
静修	51
禅修	52
敦煌乐伎（琵琶）	53
敦煌乐伎（打鼓）	54
敦煌乐伎（吹笛）	55
敦煌乐伎（排箫）	56
意彻大师	57
面壁斋藏书	58
修身	59
锲而不舍	60
有趣的书	61

遥看瀑布挂前川	62
燕子藏	63
乐在其中	64
荷塘阅读	65
翁长松藏书	66
和仙	67

在乐爱书	68
高洁	69
宁波博物馆藏（全祖望）	70
宁波博物馆藏（王阳明）	71
宁波博物馆藏（黄宗羲）	72
宁波博物馆藏（万斯同）	73
山英	74
梦丽	75
尹建中尹旻共读	76
文君	77
张强包兰共读	78
合力	79
挑担的惠安女	80
匡亚的书	81
最喜欢的书	82
崴史	83
妞妞木	84
管继平	85
阿乌	86
子嫫	87
子虎之书	88
李宝令	89
林锦泉	90
求索	91

藏书（书架前的鲁迅）	92
鲁迅侧影	93
鲁迅逝世五十周年纪念	94
树人（纪念鲁迅先生逝世70周年）	95
贝多芬	96
雨果	97
巴尔扎克	98
托尔斯泰	99
郭沫若	100
沈从文	101
张大千	102
聂耳	103
钱学森	104
夏衍	105
巴金	106
恩格斯（庆建藏书）	107
赵丹	108
乔奇	109
弘一（勇猛精进）	110
杜宣	111
郁田	112
可扬	113
抗抗	114
曹鹏	115
韩静华	116
马克思	117
延年	118
可扬艺术研究会成立	119

丰子恺（一吟藏）	120
陈建	121
车龙飞读书	122
97藏书	123
爱珍（喜欢的书）	124
白领女	125
头发长见识也长	126
以平读书	127
撑伞旗袍女郎	128
雷文	129
痖弦藏书（一）	130
痖弦藏书（二）	131
莞斋（一）	132
莞斋（二）	133
藏书（窗外红梅）	134
我的书（贵州傩面具）	135
培成（二）	136
喜亨藏书	137
读书乐（茶）	138
读书乐（咖啡）	139
虎年藏书	140
真弓	141
阳光下的新生	142
连云港市博物馆存书	143

陈蒙	144
点石成金	145
上海图书馆（三）	146
范振中之爱	147

贺年卡

马年幸福	151
新世纪祝福	152
龙腾贺千禧	153
猴年幸福	154
牛年进步	155
新年旺旺旺	156
新年要壮不要胖	157
不言生肖老大，要创更多第一	158
虎头美好到虎尾	159
我接虎兄班，兔年也斑斓	160
功夫深，跃龙门	161
金蛇舞，一年福	162
马年呀你慢些走	163

设计稿

陆明、阿木读书、周小燕、陈蒙所藏	167
信、书铮（筝）、小钢读书、朱熹	168

收藏记忆的藏书票（代跋） 169

藏书票

张子虎

藏书票

春

夏

张子虎藏书票

藏书票

秋

冬

张子虎藏书票

藏书票

田丰藏

海边

藏书票

水乡

江南水乡之民居（一）

张子虎藏书票

藏书票

江南水乡之民居(二)

炊烟

张子虎藏书票

藏书票

桂林山水

水乡系舟

张子虎藏书票

藏书票

桥上双影（与比利时版画家马丁·R·贝杨斯合作）

上海图书馆（一）

张子虎藏书票

藏书票

上海博物馆

王海名人手迹艺术收藏馆开馆纪念

张子虎藏书票

藏书票

袋鼠爸爸

袋鼠妈妈和小袋鼠

张子虎藏书票

藏书票

熊猫母子

熊猫与竹

藏书票

蛙人和鱼

子善珍藏

张子虎藏书票

藏书票

马季藏

扬子藏书

张子虎藏书票

藏书票

培成（一）

向天歌

张子虎藏书票

藏书票

牦牛

我的书（黑猫）

张子虎藏书票

趴窝的鸡

和平之钟

张子虎藏书票

藏书票

路寞藏书

马年读书

张子虎藏书票

藏书票

喜欢的书

不言生肖老大，要创更多第一

张子虎藏书票

少吹牛，少出丑

韦泱痴书

张子虎藏书票

绍平读书

子虎虎年藏书

张子虎藏书票

藏书票

盈鱼

秦绿枝珍品

张子虎藏书票

藏书票

陈子善藏书

白桦林

叶永烈藏

上海图书馆(二)

张子虎藏书票

藏书票

香梅

韦泱

张子虎藏书票

藏书票

绿叶斋（刘心武）

佛缘

张子虎藏书票

藏书票

静修

禅修

张子虎藏书票

藏书票

敦煌乐伎（琵琶）

敦煌乐伎（打鼓）

张子虎藏书票

藏书票

敦煌乐伎（吹笛）

敦煌乐伎（排箫）

张子虎藏书票

藏书票

意彻大师

面壁斋藏书

张子虎藏书票

藏书票

修身

锲而不舍

藏书票

有趣的书

遥看瀑布挂前川

张子虎藏书票

藏书票

燕子藏

乐在其中

张子虎藏书票

藏书票

荷塘阅读

翁长松藏书

张子虎藏书票

藏书票

和仙

在乐爱书

张子虎藏书票

藏书票

高洁

宁波博物馆藏（全祖望）

张子虎藏书票

藏书票

宁波博物馆藏（王阳明）

宁波博物馆藏（黄宗羲）

张子虎藏书票

宁波博物馆藏（万斯同）

山英

张子虎藏书票

藏书票

梦丽

尹建中尹旻共读

藏书票

文君

张强包兰共读

张子虎藏书票

藏书票

合力

挑担的惠安女

张子虎藏书票

藏书票

匡亚的书

最喜欢的书

张子虎藏书票

藏书票

崴史

妞妞木

张子虎藏书票

藏书票

管继平

阿乌

张子虎藏书票

藏书票

子嫫

子虎之书

张子虎藏书票

藏书票

李宝令

林锦泉

张子虎藏书票

藏书票

求索

藏书（书架前的鲁迅）

藏书票

鲁迅侧影

鲁迅逝世五十周年纪念

张子虎藏书票

树人（纪念鲁迅先生逝世70周年）

贝多芬

张子虎藏书票

藏书票

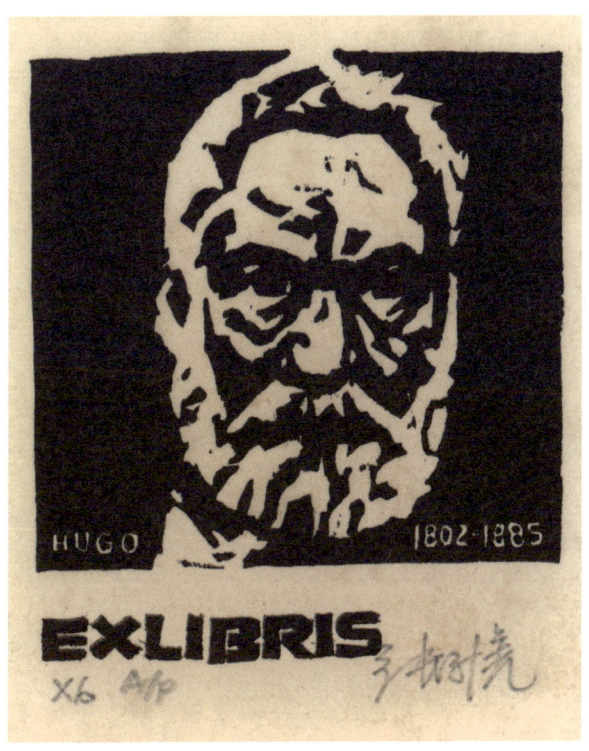

雨果

巴尔扎克

藏书票

托尔斯泰

郭沫若

张子虎藏书票

藏书票

沈从文

张大千

张子虎藏书票

藏书票

聂耳

钱学森

藏书票

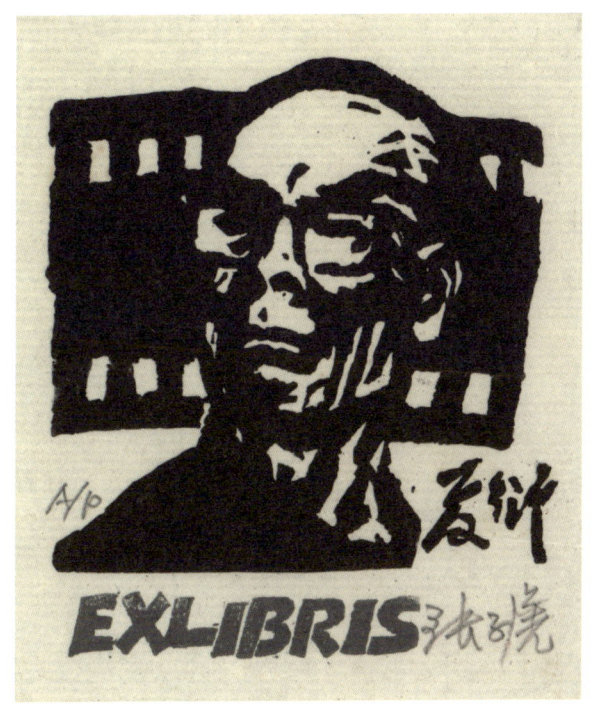

夏衍

巴金

恩格斯（庆建藏书）

赵丹

张子虎藏书票

藏书票

乔奇

弘一（勇猛精进）

张子虎藏书票

藏书票

杜宣

郁田

张子虎藏书票

藏书票

可扬

抗抗

藏书票

曹鹏

韩静华

张子虎藏书票

藏书票

马克思

延年

张子虎藏书票

藏书票

可扬艺术研究会成立

丰子恺（一吟藏）

藏书票

陈建

车龙飞读书

张子虎藏书票

97藏书

爱珍(喜欢的书)

藏书票

白领女

头发长见识也长

张子虎藏书票

以平读书

撑伞旗袍女郎

张子虎藏书票

雷文

痖弦藏书（一）

痖弦藏书（二）

莞斋（一）

张子虎藏书票

藏书票

莞斋（二）

藏书（窗外红梅）

张子虎藏书票

藏书票

我的书（贵州傩面具）

培成（二）

藏书票

喜亨藏书

读书乐（茶）

张子虎藏书票

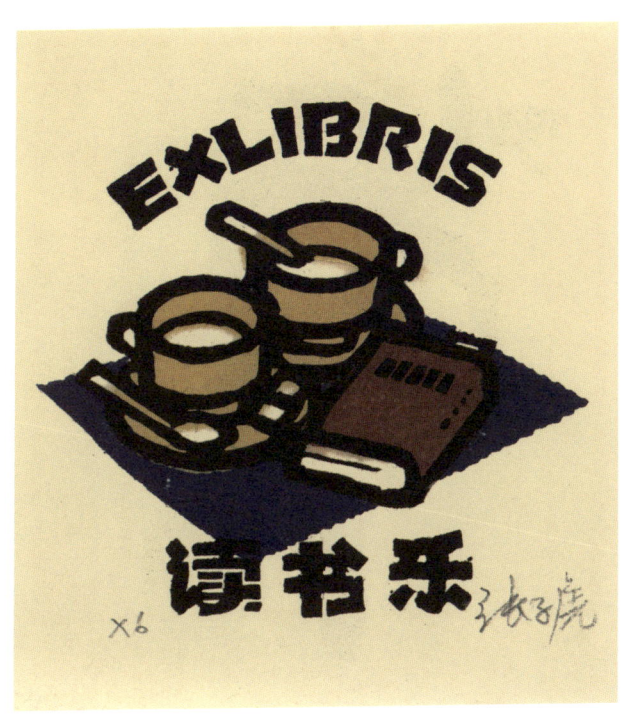

读书乐（咖啡）

虎年藏书

张子虎藏书票

真弓

阳光下的新生

张子虎藏书票

藏书票

连云港市博物馆存书

陈蒙

点石成金

上海图书馆(三)

张子虎藏书票

藏书票

范振中之爱

贺年卡

张子虎

贺年卡

马年幸福

新世纪祝福

张子虎藏书票

贺年卡

龙腾贺千禧

猴年幸福

张子虎藏书票

贺年卡

牛年进步

新年旺旺旺

张子虎藏书票

贺年卡

新年要壮不要胖

不言生肖老大，要创更多第一

张子虎藏书票

贺年卡

虎头美好到虎尾

我接虎兄班,兔年也斑斓

张子虎藏书票

贺年卡

功夫深，跃龙门

金蛇舞，一年福

张子虎藏书票

贺年卡

马年呀你慢些走

设计稿

张子虎

设 计 稿

陆明

阿木读书

周小燕

陈蒙所藏

信　　　　　　　　书铮（筝）

小钢读书　　　　　　朱熹

收藏记忆的藏书票（代跋）

藏书票蕴藏着票主的心思，更浸润了创作者的心血。藏书票可见的一面是图案和色彩，它往往成为藏书者的标志，而它不可见的另一面，则是票主与作者的故事。我曾经多次面聆张子虎对藏书票的娓娓述说，如今面对书中的藏书票，忆起了一次次对话与交往，特别是张子虎应邀为上海图书馆制作藏书票的往事，至今历历在目，恍若昨天。

我与张子虎的交往，源于他的岳父杨可扬先生。1994年我经吴世文副馆长引荐，多次前往南阳路杨可扬家中请教藏书票，在那里我认识了儒雅的张子虎。从那时起，杨可扬先生与我联系藏书票的事，大多委托张子虎来办。当上海图书馆新馆在淮海中路落成后，与他的工作单位同在相距不远的一条路上，彼此时有互访。我与他最密切的交往是2000年同赴美国波士顿参加第28届世界藏书票大会，我亦步亦趋地跟他学习如何鉴别、交换藏书票，此行为我以后与国内外艺术家交往积累了经验。我们在美国一同参观博物馆、美术馆，他以画家专精的美术知识为我讲解西方的绘画，此行成为我难忘的一次艺术之旅。

张子虎应我之约，为上海图书馆创作了多张藏书票，既有以上海图书馆新馆落成、上海图书馆建馆50周年和60周年纪念为主题的，也有为馆藏特色文献特制的藏书票，还有为本馆的文化名人朋友设计的藏书票。他是参与上海图书馆藏书票创作时间最长，创作数量最多的艺术家之一，其中有两张深受本馆同人喜欢。一是1996年创作的上海图书馆新馆形象藏书票，它的复制印刷品成为本馆向各界赠送量最多的藏书票；二是庆祝建党90周年，为本馆所属的上海科学技术文献出版社影印出版的《共产党宣言》中文首译本珍藏版特制的纪念书票，此书共发行编号本1100册，与之相配的藏书票原作也有1100张。张子虎为此投入了大量精力，一一制作和签名，为这部红色经典文献增添了珍贵的收藏价值，开创了当时正式出版物附加原作藏书票的新纪录。张子虎的这两张通用藏书票成为上海图书馆连接广大读者的媒介，至今仍为人称道。

在我国藏书票创作领域，杨可扬、张子虎翁婿是两代"藏书票艺术之家"的杰出代表。张子虎的藏书票继承了杨可扬先生的艺术风格，其粗犷的线条，浓重的色彩，简约的构图，作品不但视觉鲜明，而且形象生动，寓意丰富。如他设计的上海图书馆家谱主题藏书票，采用一棵大树为画面，既象征家族的寻根与家庭繁衍的枝繁叶茂，又借用了大槐树的移民历史传说，形简意赅地表达了家谱内涵。绿叶斋是著名作家刘心武的斋名，当我把票主以斋名创作的要求转达给张子虎时，还提到了刘心武在第二届上海"长中篇小说优秀作品大奖"中获长篇小说二等奖的《四牌楼》是我在1995年征集成功的第一部作家手稿，为他制作书票，也是为了表示我们的一份心意。因此，他认真地去阅读了作家的作品，将票主刘心武三字手迹移入画面，以攀缘的葫芦藤构图，绿叶下垂挂的葫芦喻示作家的丰硕成果，斑驳的黄色似一缕阳光点缀其间，展现了绿叶斋的蓬勃生机。作为背景的色块，以L形布局，意为票主姓氏首字母，右边留白处突出了书斋名。这两张形似简单、着色不多的作品，体现了张子虎独到的艺术概括能力。

  按我的邀约为中国台湾诗人痖弦制作藏书票是最令我感动和心痛的记忆。杭州诗人龙彼德是《痖弦评传》的作者，他向我介绍痖弦的经历时，曾提到痖弦少年时坐着牛车随父下乡，为大家送书上门，每到一地便敲锣通知人们来看书的情节。这个早年的图书馆流动车服务的生动事例，激起了我的浓厚兴趣，于是我找到此书，复印了这节内容，邀请张子虎以此故实创作一张作品。那一年的张子虎特别忙碌，既为筹备可扬先生百年诞辰活动而八方联络，又在莘庄的美博会馆（今上海美博艺术中心）举办了"影画合璧——张子虎摄影、版画作品展"。对于这次创作他尤为用心，完成了一张传统的木刻技法作品后，又兴致勃勃地探索新技法，他发现诗人是河南省南阳人，那里是汉代画像石的主要出土地，经过多次试印，完成了一张画像石拓片效果的作品，这张融入了票主地缘文化元素的藏书票，令我十分惊喜，他也充满了成功的喜悦。意想不到的是，张子虎来我办公室面交作品后不久住院了，这是他的两张绝笔藏书票！

这一年正是农历马年。

新年伊始,我收到了他的小版画贺卡,上书意味深长的"马年呀,你慢些走"两行竖写的大字。在时光匆匆的新春祝福中,有多少人以快马加鞭相贺,希望在喧嚣的芸芸众生中追求出人头地。而这张将警示寓于新春祝福中的手工贺卡,令人感悟到慢些走是提醒人们要备好马鞍,钉上马掌,不要在岁月的步履中迷路,慢些走是我们人生中必不可少的步伐与节奏。

可是,你却在马年走了,你不是说过"马年呀,你慢些走"的吗?我真希望时光呀,放下你的鞭子,让马儿慢些走!

黄显功

写于2021年6月15日